AF268337

ORAISON FUNÈBRE

DE

NAPOLÉON II

PAR L'ABBÉ AUZOU.

TROISIÈME ÉDITION, CORRIGÉE ET AUGMENTÉE.

PARIS.

AU SECRÉTARIAT DE L'ÉGLISE FRANÇAISE,
Boulevard Saint-Denis, n. 10.

CLICHY.

LIBRAIRIE DE L'ÉGLISE FRANÇAISE, RUE DE PARIS.

1835.

ORAISON FUNÈBRE

DE

NAPOLÉON II.

> « Les rois seront vos nourriciers et les reines vos
> » nourrices : ils vous adoreront en baissant le vi-
> » sage contre terre, et ils baiseront la poussière de
> » vos pieds. »   ISAIE, ch. XLIX, v. 23.

> « Aussitôt que j'ai commencé à paraître, mes
> » maux se sont élevés à côté de moi ; ils ont ren-
> » versé mes pieds, et, me surprenant, ils m'ont
> » accablé comme sous leurs flots. »
>   JOB, ch. XXX, v, 12.

C'est le 20 mars 1811 !

Depuis plusieurs jours, Paris attend avec anxiété le signal qui doit porter dans la France guerrière la joie ou le désappointement.

Le canon des Invalides se fait entendre ! Silence ! écoutez et comptez.

Le vingt-unième coup a résonné... Quelle stupeur !...

Le canon gronde encore... Quelle joie !... Quels transports !... Ce n'est plus le bruit du canon qu'on entend, c'est celui d'un éclatant *vivat* qui, du sol de la grande cité, s'élève comme un seul cri, vers la voûte céleste..... *Dieu protége la France.*

Bientôt la foule palpitante d'allégresse déborde de toutes parts; que de monde! Que de visages rayonnans de plaisir! Quelle ivresse! Quel délire!... Oh! qu'il est beau le spectacle d'un peuple heureux!!!

Paris! tu ne jouiras pas seul de ce bonheur! Telle l'étincelle électrique propage dans un cercle immense sa commotion spontanée, telle la salve des Invalides, trouvant un écho dans chaque ville, va faire vibrer partout les cœurs français; et pour cela il faut qu'elle s'étende au loin, cette commotion : car la France a bien loin porté ses limites, et ses armées occupent l'Europe comme autant de glorieuses colonies.

Les princes, les rois, courtisans de Napoléon, viennent complimenter cet enfant au berceau, et lui présenter des hommages que l'on croirait sincères. Ainsi s'accomplissent ces paroles d'Isaïe : « *Les rois seront vos nourriciers, et les reines vos nourrices; ils vous adoreront en baissant le visage contre terre, et ils baiseront la poussière de vos pieds.* »

Oui, la France est enivrée de bonheur et de gloire. Oublieuse de sa liberté, naguère conquise au prix de tant de sang, la France s'est donnée au plus grand homme des temps modernes. Après avoir déshérité une race gothique de ses quatorze siècles d'absolutisme, la France est devenue l'apanage d'une dynastie de la veille, d'une dynastie qui ne compte encore que le seul Napoléon, mais pour laquelle les Français ont rêvé un immense avenir. Et ces transports d'amour, cet élan populaire dont il serait impossible de tracer le tableau, cette fièvre d'exaltation enfin, sont causés par la venue d'un enfant... Cet enfant est le fils de Napoléon!

Mais pourquoi vous ai-je rappelé ce brillant tableau?

Ces pompes, ces illusions, ces hommages forcés et mensongers des rois n'ont duré que ce que dure le météore lumineux d'une brillante nuit d'été, et les paroles de Job trouvent déjà leur cruelle application : « *Aussitôt que j'ai commencé à paraître, mes maux se sont élevés à côté de moi; ils ont renversé mes pieds, et, me surprenant, ils m'ont accablé comme sous leurs flots.* » En effet, la nouvelle race pour qui les quatorze siècles de la vieille monarchie eussent été trop courts au gré des Français de ces temps-là, la nouvelle race s'est éteinte au bout de vingt années !

O vous qui l'avez vu cet heureux temps, hommes de l'époque où notre belle patrie fut si grande parmi les nations, venez, venez, par le souvenir des faits qui se sont déroulés sous vos yeux, suppléer aux souvenirs confus de ma jeunesse, venez!... Mieux que moi, vous raconterez les impressions que vous ressentîtes alors. Vieillards dont les cheveux avaient déjà blanchi au sein des tourmentes politiques, dites qu'alors tous vos ressentimens s'étaient effacés, dites que vos vieilles affections avaient été sacrifiées au sauveur de la patrie. Et vous, constans défenseurs de nos libertés, vous, dont l'indépendance est la plus belle vertu, dites, oh! dites surtout que ce joug de fer qui pesait sur tous était alors léger; car s'il portait de tout son poids sur l'étranger, les bras de la victoire le soutenaient sur vos têtes; dites enfin, que le destin de la France était étroitement lié à celui de son empereur, et que l'heureuse fortune de l'un suffisait au bonheur de l'autre.

Dieu juste et grand qui, du souffle de votre puissance, faites et défaites les empires, vous seul connaissez la mesure de vos œuvres, vous seul pouvez dire si l'homme, né pour les grandeurs et les félicités terrestres, est à plaindre ou non, lorsque votre voix lui crie de quitter ce monde. Mais nous, chétifs humains, nous pour qui l'existence même est un mystère impénétrable, comment notre faible raison résisterait-elle aux épreuves qu'il vous plaît de lui faire subir? Comment pourrions-nous rester spectateurs froids et impassibles devant les grandes infortunes? Oh! quel cruel retour elles appellent sur nous-mêmes. Si les rois, si les puissans de la terre sont soumis à de si funestes revers, à quoi notre faiblesse à nous n'est-elle pas exposée? Pardonnez-nous donc, ô mon Dieu, les larmes que vos décrets nous font parfois répandre; pardonnez-nous celles qui, dans ce moment, sont prêtes à s'échapper de nos yeux, au milieu de ce temple en deuil où la mémoire de l'infortuné fils de Napoléon reçoit un solennel hommage.

Emporté par l'ardeur du sentiment qui nous anime, nous venons d'essayer de peindre l'enthousiasme avec lequel fut accuellie, en France, la naissance du fils de l'empereur.

En effet, cet important événement devait combler les vœux d'un peuple façonné par la victoire, et chez qui le nom glorieux de Napoléon était devenu le synonyme de celui de patrie et de gloire. Que d'avenir dans ce rejeton! La France était Napoléon : Napoléon ne devait plus finir!!!

Cependant, si l'on se réjouissait en France et dans nos armées triomphantes, on tremblait dans les cours étrangères. Cette pensée, que Napoléon ne devait plus finir se présentait aussi à l'esprit des rois détrônés ou destinés à l'être, si l'aigle n'était pas abattue; et les yeux du roi de

Rome ne s'étaient pas encore ouverts à la lumière que, déjà peut-être, on songeait à les lui fermer.

A peine jeté sur cette terre où le plus beau des trônes était destiné à le recevoir, Napoléon II vit s'obscurcir sa brillante étoile, et le sceptre impérial de son père ne tomber dans ses fragiles mains que pour s'y anéantir et devenir pour lui une cause d'exil. Pauvre enfant! fallait-il donc une aussi belle naissance à celui qui ne devait vivre que pour le malheur!

Agé de trois ans, Napoléon II est arraché aux rians bosquets des bords de la Seine. Un congrès fixe désormais son destin. Son père doit vivre encore et faire encore trembler un instant le monde, mais il n'a plus de père!....

L'enfant dont la naissance, en 1811, exerçait une si puissante influence sur les destinées de l'Europe, trois ans après cheminait tristement vers la terre d'exil!.... Il n'a plus de patrie! lui, dont les droits se seraient élevés au-dessus de tous les droits, ne conserve pas même celui de citoyen: ce n'est plus qu'un proscrit.... un proscrit de trois ans!!!

Proscrit! mais par qui? Est-ce par sa patrie? Non.... par les rois ennemis de sa patrie.....

Proscrit, non, il était accompagné des regrets et des vœux de tous les Français....

Et, s'il avait été dans les desseins de la Providence que les barrières de la France lui fussent rouvertes un jour, il n'aurait point eu à invoquer les secours de l'étranger; il ne se serait pas fait précéder pas des hordes barbares; sa main eût été pure du sang français; les ossemens des guerriers morts pous la défense de son père, pour la sienne, comme aussi pour la gloire de la patrie, auraient tressailli de joie, et la trace de ses pieds leur eût paru légère.

Mais telle n'a point été la volonté du ciel, dont nous devons respecter les décrets.

L'Autriche sera la prison de la victime des vengances de l'Europe conjurée. Le 19 mai 1814, il arrive à Schœnbrunn, accompagné de sa mère. Etrangère adoptée par la France, Marie-Louise oublia trop vite qu'elle était devenue française. Elle oublia trop vite, surtout, qu'en s'unissant au grand homme qui avait bien voulu descendre jusqu'à elle, elle s'était enchaînée à ses revers comme à sa fortune, et qu'elle ne devait jamais l'abandonner.

Mais assez de pénibles souvenirs nous agitent en ce moment. Détournons, s'il est possible, nos tristes regards de cette femme trop faible, car il faudrait alors les porter sur le rocher où, pour la honte éternelle des rois de l'Europe, fut enchaîné le captif de Sainte-Hélène. Il nous faudrait voir l'homme à qui ces rois avaient obéi pendant plus de quinze ans, forcé d'obéir aux caprices d'un infâme geolier. Il nous faudrait le voir déposant ses peines dans le sein d'un petit nombre d'amis fidèles, modèles d'un héroïque dévouement, dévouement sublime dont son cœur était si reconnaissant, mais qui ne lui faisait sentir que plus vivement la privation des soins d'une épouse bien aimée et des embrassemens d'un fils chéri, d'un fils, objet de toutes ses affections.

C'en est fait du roi de Rome. Non content de l'avoir dépouillé de la pourpre impériale, non content de l'avoir, pour jamais, arraché aux caresses de son malheureux père, on lui ôte jusqu'à son nom, on tue en lui Napoléon pour laisser exister pendant quelques années un duc de Reichstad; on tue en lui tout ce qu'il y a de français, pour ne laisser vivre que ce qu'il y a d'autrichien.

Afin de m'acquitter dignement de la tâche que mon ministère m'a fait un devoir d'accepter et que j'ai osé entreprendre, je devrais, mes chers auditeurs, vous faire connaître la vie du jeune prince que nous pleurons; mais comment déchirer le voile épais dont la politique européenne sut la couvrir? Ceux qu'aurait effrayé la seule présence des dépouilles mortelles de Napoléon ensevelies dans le sol français, ceux-là pouvaient-ils abandonner son fils à la popularité que son nom lui eût justement acquise? Non, certes, il devait vivre ignoré, oublié.

Qui sait donc ce qui a dû se passer dans son ame, lorsque sa raison, grandissant avec son corps, il a pu juger la situation humiliante où on le retenait?

Des honneurs, de stériles honneurs lui étaient rendus, et, permettez-moi le rapprochement, nouveau masque de fer, il était séquestré de la société. Le palais de Schœnbrunn était pour lui l'île Sainte-Marguerite.

Mais, plus malheureux que ce personnage énigmatique, il connaissait la haute destinée à laquelle il avait droit de prétendre: il savait qu'il était Napoléon!

Eh! pouvait-il ignorer les hauts faits et les malheurs plus grands encore de son père? Eût-on voulu les lui cacher, la renommée eût franchi tous les obstacles, et d'ailleurs les murs de ce palais qui lui servait de prison, ne lui auraient-ils pas reflété l'image de son père dictant à son *parâtre* la loi par laquelle, si je puis dire ainsi, il lui imposait la naissance d'un fils.... Malheureux enfant!....

Vous n'exigerez donc pas de moi des détails circonstanciés sur son adolescence, elle s'est écoulée, j'oserai le dire, dans l'obscurité et la solitude. Mais attendons les révélations de l'avenir. Un jour viendra sans doute où les plus secrètes pensées de Napoléon II seront connues des Français. Oui, un jour nous saurons le caractère, les mœurs et les peines cuisantes de cet infortuné jeune homme, car son nom ne sera plus reproché aux amis de la gloire, comme un brandon de discorde, puisque les vœux de ses partisans se sont anéantis avec son dernier soupir.

Ce que je puis vous rappeler, mes chers auditeurs, c'est que tout annonçait chez Napoléon enfant un homme digne du génie de son père. Ses premières années furent signalées par les traits les plus précoces. On pouvait déjà deviner en lui une supériorité d'esprit, une fermeté de caractère remarquable, et surtout une tendance prononcée à observer et à réfléchir.

Ceux qui furent témoins du départ de Marie-Louise, de Marie-Louise ravissant un bien qui ne lui appartenait pas, ne peuvent se rappeler, sans verser des larmes amères, la résistance que le pauvre petit roi de Rome opposait, opposait seul aux personnes qui l'entraînaient hors du palais de son père.

Un jour, il y en avait trois qu'il était arrivé à Schœnbrunn, on le voit prendre tout-à-coup la pose favorite de son père. Ses petits bras sont croisés sur sa poitrine, il paraît plongé dans de profondes réflexions. Sa gouvernante étonnée l'interroge : à quoi pensez-vous donc, prince ? A Trianon, répond-il... il me semble que je vois Louis XVIII s'y promener.... et puis, je pense à la France !... Et que pensez-vous de la France ? — Oh ! je crois qu'on m'a envoyé ici pour me faire mourir....

Ces paroles nous ont été rapportées par un serviteur français qui le suivit en Autriche. Sans doute le jeune enfant ne faisait que répéter ce qu'il avait entendu; mais encore quelle préoccupation à l'âge de trois ans!

Un an après, le Français dont nous venons de parler prend congé du prince. Mon ami, lui dit le pauvre enfant, en s'emparant d'une de ses mains qu'il mouille de larmes, que tu es heureux! tu vas revoir mon pays.... Dis aux Français combien je les aime.... dis-leur que je suis en Autriche, mais que mon cœur est en France.

Ah! mes chers auditeurs, pardonnez à la vive émotion que j'éprouve en vous rappelant ces paroles.... pardonnez si je ne puis retenir mes larmes en pensant à cet enfant que Dieu semblait avoir donné à notre pays comme un gage de bonheur et de paix, et qui s'est éteint lentement, en nous vouant, n'en doutons pas, sa dernière pensée d'amour et de sympathie.

C'est le 22 juillet 1832 qu'une maladie de langueur, suite de ses souffrances morales, a mis fin à l'existence et aux malheurs de Napoléon II. Il était âgé de vingt et un ans. Il est mort comme meurt une plante exotique dans un climat, sur un sol qui ne sont pas les siens.

Il y a trois ans, mes chers auditeurs, qu'à pareil jour, on vit dans notre église paroissiale de Clichy une foule immense d'hommes de tous rangs et de tous âges. Ils venaient pleurer, autour d'un catafalque, la mort alors récente du fils de Napoléon. C'étaient tous de bons citoyens qui avaient donné des garanties à la patrie. Un sentiment religieux les avait réunis, et, certes, il n'était point à craindre de les voir se déclarer fauteurs de troubles et de désordres.

Ils avaient aimé Napoléon parce que Napoléon avait su faire le bonheur du peuple; parce que son règne avait été un règne de gloire et de prospérité ; parce qu'avant lui la France n'avait jamais été si grande et si puissante.

Ils chérissaient toujours sa mémoire, et Napoléon II était et devait être pour eux le souvenir vivant de son père. Ils savaient qu'il existait, la reconnaissance ne leur permettait pas de l'oublier, et cependant ils avaient su sacrifier leurs sentimens au repos de la France, de la patrie.

Mais, lorsque Dieu eut appelé à lui ce jeune homme, triste jouet de la fortune, comment auraient-ils pu contenir l'expression de leur douleur ? Cette mort ne leur permettait-elle pas de lui donner un libre cours ? N'auraient-ils pas manqué à la reconnaissance, à leur devoir, s'ils n'avaient point offert à sa cendre un hommage religieux, si leurs cœurs chrétiens, au moment où son ame comparaissait devant le souverain juge, n'avaient point imploré pour lui la miséricorde céleste, pour lui créature sujette, comme tous les hommes, à l'erreur et aux faiblesses humaines ?

Parmi les admirateurs, les anciens serviteurs de Napoléon, plusieurs ont voulu encore, par une fondation particulière et comme ils l'avaient fait pour l'Empereur, qu'un service funèbre en mémoire de son fils fût célébré annuellement dans notre église Française.

Le troisième anniversaire a sonné aujourd'hui !...

Comme le temps marche rapidement, et comme il laisse déja loin dans le passé les événemens que je viens de rappeler à votre souvenir !...

Ce troisième anniversaire m'amène dans ce temple au milieu de vous, mes chers auditeurs, pour y remplir la pieuse mission qui m'a été confiée : mission toute pacifique, toute religieuse, que, sans consulter mes forces,

j'ai acceptée, et que, comme prêtre, je devais accepter
par *devoir* et par *sentiment.*

Par devoir ! Le ministre de l'autel pourrait-il en effet
ne pas accorder l'intercession et les prières de l'Église
aux chrétiens qui les réclament pour les morts dont le
souvenir leur est cher ?

Par sentiment ! Comme prêtre encore, et comme prêtre de l'Église Française, ne devais-je pas saisir l'occa-
sion qui m'était offerte de payer au nom de Napoléon
un juste tribut de respect, de reconnaissance, en appe-
lant sur le fils les bénédictions divines au pied des autels...
des autels que le père a relevés de sa puissante main ?

Oui, comme ministre de l'Evangile, je ne puis oublier
cette époque mémorable de la vie de l'Empereur, et permettez-moi, chrétiens, de vous la rappeler.

A peine Napoléon avait-il été investi du pouvoir, que
son génie réparateur dirigea ses regards sur la France dés-
héritée de toute croyance religieuse.

La religion de Jésus-Christ était, sinon proscrite, du
moins oubliée ou méconnue, ses temples étaient fermés
ses ministres dispersés. Mais Napoléon était convaincu
qu'un sentiment religieux est indispensable à l'homme
et à la société. Il savait que là où un culte n'est point
publiquement exercé, l'erreur et le fanatisme fermentent
dans l'ombre et engendrent des dissensions, des troubles
qui agitent l'Etat, sans que souvent l'autorité protectrice
puisse en découvrir les véritables causes

Les églises furent ouvertes ; le Christ retrouva ses autels ; ses ministres furent rappelés, dotés et même élevés
aux grandeurs.

Des grandeurs ! Les chrétiens prévoyans regrettèrent

alors que, par l'influence toute puissante du grand homme, la religion de Jésus-Christ n'eût point été ramenée à sa pureté primitive et à sa simplicité apostolique.

Mais, enfin, toutes les populations, en France, purent, dans les temples qui leur étaient rendus, adresser leurs prières à l'Éternel et y faire entendre des vœux pour l'Empereur.

Eh! pourquoi faut-il que le cruel événement dont l'anniversaire nous rassemble n'ait en de retentissement que dans notre Église Française?

Pourquoi faut-il qu'il vienne réveiller les trop justes motifs des plaintes qu'à la mort de l'Empereur nous avons élevées, et auxquelles, chrétiens français, vous vous êtes associés, contre ces hommes qui comprennent si peu leur sainte mission? Pourquoi faut-il encore leur adresser de si justes reproches?

Ingrats! vous deviez tout à cet homme extraordinaire, et c'est vous qui, les premiers, l'avez abandonné! A peine la fortune lui avait-elle été contraire, que déjà vos prières avaient cessé, que déjà les églises qu'il vous avait données retentissaient de vos injures, de vos imprécations, de vos blasphêmes contre lui. Et pourtant, sans lui, que seriez-vous?...

Mais éloignons ces pénibles souvenirs, et rappelons-nous que nous ne sommes rassemblés aujourd'hui dans ce temple que pour offrir à Dieu nos prières en faveur, je ne dirai pas du duc de Reichstadt, mais de Napoléon II.....
... La mort lui a rendu son nom français.

Grand Dieu, que vos jugemens sont impénétrables! La faulx de la mort moissonne les grands de la terre comme le soc de la charrue moissonne la fleur des champs.

Ainsi, Napoléon est élévé par votre bras puissant; il retombe dans le néant quand votre bras l'abandonne.

Un enfant, son seul rejeton, s'éteint avant d'avoir connu la vie, ou plutôt après en avoir éprouvé toute l'amertume..... et un autre, tenant à lui par l'adoption, meurt au moment où il a pu en effleurer, en pressentir les douceurs.

Le premier n'a rien à regretter: il succombe avec résignation; il s'éteint comme la lampe dont l'huile est consumé.

Le second peut dire avec douleur, comme le fils de Saül, comme *Jonathas* : « J'ai approché de mes lèvres, j'ai goûté un peu de miel, et voici que je meurs! »

Oui, ô mon Dieu, vos jugemens sont impénétrables! Mais qu'il nous soit permis de pleurer sur leur sévérité. Ne nous avez-vous pas donné les larmes pour soulager nos cœurs du poids de la douleur et de l'affliction.

Chrétiens! Français! à nos larmes joignons nos ferventes prières pour obtenir du Dieu de bonté, du Dieu de miséricorde, qu'il donne une couronne à celui qui ne l'a jamais portée ici bas; et que cet enfant qui, pendant son court passage sur cette terre d'épreuves, a été violemment séparé de son père, soit réuni à lui pendant l'éternité bienheureuse.

Ainsi soit-il.

De l'imprimerie de Grégoire, rue du Croissant, 16.

www.ingramcontent.com/pod-product-compliance
Lightning Source LLC
Chambersburg PA
CBHW061152050726
47594CB00008B/3380